FALLOUX

Paris. — Typ. de Gaittet rue Gît-le-Cœur, 1.

FALLOUX

Publié par G. HAVARD.

Imp. de Mangeon, 67, r. S¹ Jacq Paris.

LES CONTEMPORAINS

FALLOUX

PAR

EUGÈNE DE MIRECOURT

PARIS

GUSTAVE HAVARD, ÉDITEUR

19, BOULEVARD DE SÉBASTOPOL

rive gauche

L'Auteur et l'Éditeur se réservent tous droits de reproduction.

1859

FALLOUX

Nous écrivions, au commencement de cette année, l'édifiante et pittoresque histoire de M. Veuillot

Le premier, nous avons dit à cet homme :

— Votre conduite n'a jamais été celle d'un catholique sincère. Est-ce l'Évangile qui vous dicte votre langage? Ne le cher-

chez-vous pas plutôt dans le vocabulaire
des halles et des mauvais lieux? Osez-vous
bien prétendre régenter l'Église et faire
passer prélats et fidèles sous les fourches
caudines de votre insolence? Prenez garde !
vous soufïletez votre mère au lieu de la
défendre ; vous vous dites chrétien, et
vous agissez en athée !

Aujourd'hui, les plus illustres organes
du catholicisme, las des excès de Louis
Veuillot, indignés de ses violences, hon-
teux de ses allures d'insulteur, le renient
hautement et se séparent de lui avec éclat.

Leur parole grave et pleine d'autorité
se fait entendre.

Écoutons :

« Vous avez oublié ce mot sublime de

notre divin Maître: *Beati mites!* et ce
qu'il avait inspiré à Bourdaloue, dans sa
sublime paraphrase : « La douceur n'est
« pas tant une vertu distincte qu'un tem-
« pérament général, une certaine consti-
« tution de l'homme intérieur, qui le rend
« tranquille en lui-même et bienfaisant à
« l'égard des autres. »

« Vous avez failli jeter la division dans
l'épiscopat français.

« Parmi les laïques vous avez réussi.
Ce qui était hostile, vous l'avez exaspéré;
ce qui était bienveillant, vous l'avez rendu
hostile.

« Déjà vous avez engendré M. Nicolar-
dot et M. Lanfrey, deux frères jumeaux,
quoique ennemis, et votre déplorable pos-

térité ne s'arrêtera pas là, si vous ne vous arrêtez vous-même [1]. »

Celui qui tient à M. Veuillot ce discours sévère est le personnage illustre dont nous allons raconter la vie.

Or l'incorrigible pourfendeur de l'*Univers* n'accepte pas la leçon.

Saisi de vertige et presque fou de rage, il ne craint pas de répondre par une polémique passionnée et scandaleuse à ce vrai chrétien, qui fut un de nos généraux au temps de la lutte.

Il distille sur son caractère et sa personne des flots d'encre et de fiel.

[1] Le Parti catholique, *ce qu'il a été, ce qu'il est devenu*, par le comte de Falloux. — Paris, 1856.

Allons, tais-toi, Vadé de sacristie !

Ta sentence est irrévocablement rendue. Le style de Proudhon ou de Feuerbach est un style modéré près du tien.

Quant à M. de Falloux, que tu obliges à se déclarer ton adversaire, il grandit de tout l'abaissement où nous te voyons descendre.

Ne confesse-t-il pas intrépidement la liberté que tu répudies? ne proclame-t-il pas l'indépendance de l'Église que tu veux escamoter par d'audacieuses manœuvres? Il est ta contre-partie vivante, et c'est le plus bel éloge qu'il puisse recevoir, aux yeux de la religion comme aux yeux de la France.

Frédéric-Alfred-Pierre de Falloux est

né au bourg d'Yré, près d'Angers, le 11 mars 1811.

Il appartient à une noble et ancienne famille de l'Anjou, dont M. Borel d'Hauterive, le savant généalogiste, fait remonter l'origine au temps de Henri IV.

Suivant d'autres, ses ancêtres auraient rapporté des croisades leur blason glorieux.

Quoi qu'il en soit, la noblesse de notre personnage est mentionnée dans Saint-Alais [1], et se trouve inscrite dans l'Armorial de 1696, généralité de Tours [2].

Une des places publiques d'Angers a

[1] Tome I, p. 105, édition in-octavo.
[2] Volume manuscrit à la Bibliothèque impériale, page 582.

reçu le nom de place Falloux en 1711, et le conserve depuis cette époque.

Les armes de la famille sont d'or, au chevron de sable, accompagné de trois buffles du même.

De méchants railleurs n'ont pas manqué de dire que c'étaient là des armes parlantes et prophétisantes; car M. de Falloux est un agronome célèbre. Il s'occupe, dans ses vastes domaines, de l'amélioration de la race bovine, et la science héraldique, en composant son écu, semble avoir pressenti ses efforts et ses succès.

Dernièrement on a vu le journal le *Siècle* émettre des doutes sur la noblesse de l'ancien ministre.

Taxile Delord affirme que M. de Falloux père tenait boutique à Angers sous le premier Empire.

Tantôt il en fait un pharmacien, tantôt un marchand de quincaille ; aujourd'hui un drapier, demain un faiseur de chandelles.

Et Quérard d'enchérir sur ces ridicules insinuations de la jalousie bourgeoise ; en imprimant que le père de notre héros dut sa fortune à la grande consommation de suif que firent, comme aliment, messieurs les Cosaques, lors de l'occupation de la France, en 1815.

Le *Siècle* annonçait, en outre, que le nom de Falloux pullulait à Angers et aux alentours.

Nous ne savons pas où le rédacteur a

pris ses renseignements ; mais voici les nôtres.

Le nom de Falloux repose uniquement aujourd'hui sur trois têtes : le comte Alfred, auquel nous consacrons ce volume ; son frère, prélat romain, qui habite l'Italie depuis vingt ans, et le baron Falloux du Lys, ancien officier de carabiniers, demeurant près Langeais (Indre-et-Loire). Il a épousé la fille de M. le marquis de Fayolles.

Après avoir compulsé les tables du *Moniteur*, Taxile Delord nous signale une autre découverte précieuse.

Un majorat, au titre de comte, aurait été établi en faveur de l'ex-fabricant de chandelles, dans les premiers mois qui

suivirent la Révolution de juillet, par
Louis-Philippe et Dupont (de l'Eure).

Cette imputation, lancée par un journaliste rouge contre la mémoire du pa-
triarche de la République, nous paraît assez
légère.

On ne tire pas ainsi en aveugle, au ris-
que de tuer son propre général.

Dupont (de l'Eure) contre-signant l'or-
donnance d'un majorat institué en faveur
d'un ennemi né de la démocratie!

Vous n'y songez pas, monsieur Taxile
Delord!

Il fallait prendre la peine de jeter les
yeux sur le texte même des lettres paten-
tes : vous eussiez vu qu'elles portaient au
bas le nom royal de Charles X. La négli-

gence des bureaux, seule, en a fait retarder l'insertion au *Bulletin des lois* jusqu'à la fin de l'année 1830.

Alfred de Falloux fut envoyé à Paris au collège Bourbon. Il y termina ses classes en brillant élève.

Sur les bancs universitaires, il réalisa le type de l'écolier vertueux.

Jamais âme adolescente ne déborda d'une foi plus enthousiaste et d'une piété plus vive.

Élevé par sa mère dans les sentiments d'une vertu héroïque, Alfred lui avait juré solennellement à son lit de mort de suivre toutes les lois chrétiennes, et de ne point céder aux lâchetés du respect humain.

Jusqu'à ce jour, il a tenu parole.

Tout jeune, il montrait déjà ce caractère loyal, intrépide et fervent, qui devait
plus tard lui gagner l'admiration publique.

Une fois leur conscience interrogée, des
hommes de la nature de M. de Falloux
marchent droit, et se font écharper plutôt
que de faiblir.

Les condisciples d'Alfred le surnom-
maient *le saint.*

Malgré leurs lazzi multipliés et leurs
taquineries voltairiennes, le courageux
élève se livrait à de fréquents exercices
religieux. Quand il avait terminé ses de-
voirs, il disait ostensiblement le chapelet
à l'étude.

Son camarade de droite était de la religion protestante.

Voyant un jour Alfred égrener son rosaire, il l'interrompt par une phrase agressive.

Notre héros n'y fait pas attention d'abord, et continue ses dévotions ; mais le voisin huguenot revient à la charge avec une persistance tellement agaçante, qu'Alfred n'y tient plus, et lui lance son encrier à la tête, juste au moment où, le doigt sur un des gros grains, il adressait à Dieu ces paroles :

« *Et dimitte nobis debita nostra, sicut et nos dimittimus debitoribus nostris*, et pardonnez-nous nos offenses, comme

2

nous pardonnons à ceux qui nous ont offensés. »

Le projectile parti, notre pieux élève s'épouvanta de ce péché de colère.

Il embrassa son camarade et lui demanda pardon avec larmes.

Celui-ci fut tellement touché, qu'il s'humilia lui-même, avoua ses torts et ne rendit plus son voisin victime d'aucune espèce de moquerie.

Alfred de Falloux, au milieu de cette pépinière de jeunes incrédules, conserva donc intact le trésor de ses croyances.

Sorti du collége, il ne se livra point à ces distractions de l'oisiveté mondaine que sa fortune et son rang pouvaient lui permettre. Il s'occupa de hautes études théologiques, approfondit les œuvres des Pères de l'Église, et médita les grandes vérités que le génie de la religion présentait à ses veilles studieuses.

Son frère aîné venait d'entrer dans les ordres. Il voulut suivre son exemple et se faire prêtre.

M. de Falloux père y mit obstacle.

Plein de respect pour la volonté paternelle, le jeune homme ne s'enrôla point dans la milice du Seigneur, mais il prit la ferme résolution de servir, au sein même de la société, la cause du christianisme.

Il se lia bientôt fort intimement avec Charles et Henri de Riancey, deux catholiques zélés et infatigables.

Ensemble ils fondèrent l'*Institut catholique*.

C'est une sorte de conférence religieuse, imitée de celle des jeunes avocats; ou plutôt c'est une assemblée délibérante au petit pied, dont chaque membre calque soigneusement sa manière d'être sur les us, coutumes et traditions du régime parlementaire.

On se réunit deux fois la semaine dans une salle assez vaste, disposée en amphithéâtre.

Un hémicycle contient le bureau du président et des secrétaires.

Au-dessous se trouve une tribune, sur laquelle repose le classique verre d'eau sucrée.

Puis on discute, on pérore, on vote par boules blanches et boules noires sur les propositions à l'ordre du jour, absolument comme à la Chambre.

Et, pour que l'illusion soit complète, plusieurs sténographes saisissent au vol chaque phrase des orateurs. Les discours les plus remarquables sont reproduits dans un bulletin publié aux frais de la société.

Cette *parlotte* fut très-utile à M. Alfred de Falloux.

Il s'habitua de bonne heure à l'art si difficile de traduire ses pensées *coram populo*. Son talent d'improvisation devint très-remarquable.

Bientôt l'*Institut catholique* agita la

grave question de la liberté de l'enseignement.

On organisa pour la conquérir une propagande active. Toute une phalange de
commis voyageurs en sainteté s'abattit sur
la province, pénétra dans les cantons les
plus lointains, dans les hameaux les plus
inconnus, frappant à toutes les portes,
colportant des pétitions et recueillant des
milliers de signatures dans ce pays qu'on
s'obstine à ne pas croire foncièrement religieux.

Le cercle d'influence de l'*Institut catholique* s'agrandissait chaque jour. D'au-
gustes patronages lui étaient acquis.

Monseigneur Dupanloup, aujourd'hui
évêque d'Orléans, se trouvait être tout à

la fois la lumière et le lien de l'associa-
tion.

Dans son département, comme à Paris,
Alfred s'occupait de propagande religieuse, de politique légitimiste, et, en
outre, d'agriculture.

Ce dernier point excita dès lors,
comme il excite aujourd'hui, l'humeur
joviale des feuilles démocratiques.

Nous ne voyons pas, en vérité, pour-
quoi les amis de Henri V, presque tous
grands propriétaires terriens, ne consa-
creraient pas leur inaction gouvernemen-
tale à la science agricole.

Cincinnatus, quand le peuple et le sé-
nat ne réclamaient plus ses services, ne

manquait jamais de retourner à la char-
rue.

Du reste, l'incontestable valeur per-
sonnelle de M. de Falloux, jointe à beaucoup d'adresse et de savoir-faire, le
dégageait de la foule assez sotte des gen-
tillâtres qui boudaient Louis-Philippe.

Il acquérait une énorme influence dans
sa province.

Berryer, Pastoret, la Rochejaquelein,
Genoude, et M. le comte de Montalembert, ce fils des croisés et de l'Église, en-
tretenaient avec lui une correspondance
politique.

En 1841, Alfred de Falloux se maria.

Cet homme, qu'une erreur trop longtemps accréditée nous représente comme

un adepte des jésuites, un ultramontain quand même, épousa la petite-fille de Caradeuc de la Chalotais, ce fameux procureur général breton dont les comptes rendus sur les constitutions de la Société de Loyola décidèrent le parlement à la chasser du royaume.

Le frère aîné d'Alfred, monseigneur de Falloux, devenu chanoine de Saint-Pierre de Rome, auditeur de rote et grand camérier, bénit lui-même ce mariage[1].

Notre héros publia, l'année suivante, un des livres qui lui ont servi de titres littéraires pour se porter candidat au fau-

[1] M. de Falloux n'a pas d'héritier mâle. Une fille, issue de son hymen, entre aujourd'hui dans sa treizième année.

teuil académique ; nous voulons parler de la *Vie de Louis XVI*.

Jamais plus éloquent historien n'a raconté le douloureux martyre de ce prince, qui a payé de sa tête innocente les abus de douze siècles et les turpitudes de son aïeul.

—C'est une biographie faite dans la grande manière.

M. de Falloux passe tour à tour des détails intimes et anecdotiques aux considérations les plus hautes, des joyeux éclats de rire de Trianon aux soupirs étouffés et aux sanglots contenus du Temple.

Son livre est écrit dans un style pur, châtié, vigoureux, atteignant plutôt l'effet par le trait que par l'image, et s'élevant parfois jusqu'à l'éloquence.

Quelle délicatesse de touche et de sentiment dans le récit du mariage du Dauphin et de la fille de Marie-Thérèse ! Que de tristesse et d'amertume dans celui de la fuite de Varennes !

A l'époque où cet ouvrage parut, quelques-unes des propositions qui s'y trouvaient développées effarouchèrent nos excellents patriotes.

L'auteur, avec ce radicalisme du devoir et de l'honnêteté qui le distingue, posait en thèse qu'un homme seul, dans les derniers jours de la monarchie, voulait sincèrement la liberté, que seul il avait le droit de l'établir, que seul il en avait le pouvoir, et que cet homme était Louis XVI.

Messieurs les démocrates poussèrent des rugissements à la phrase qu'on va lire.

« L'Assemblée, dit M. de Falloux, se déclare inviolable. A partir de ce jour, c'en est fait des améliorations progressives. La royauté vient d'ouvrir ses mains généreuses : la Révolution rejette la paix, et Mirabeau montre le poing. Les députés décrètent à la fois leur omnipotence et leur inviolabilité, déchirent leurs mandats et plantent fièrement l'étendard de leur usurpation. Cette usurpation, transmise de main en main, d'assemblée en assemblée, comme le talisman de la Révolution, ne s'arrêtera plus que par l'épuisement de ses propres excès[1]. »

[1] *Vie de Louis XVI*, pages 151 et 152. (Sagnier et Bray éditeurs.)

Quelques années plus tard, en 1848, nos républicains s'appliquèrent à donner plus de force encore à l'argumentation de M. de Falloux.

On est obligé de convenir que, si 89 eût été l'œuvre sage et progressive de la monarchie, les institutions libres, fixées sur une base inébranlable, n'eussent point été contraintes à chercher un point d'appui dans ce dogme absurde de la souveraineté du peuple, qui berne, depuis soixante ans, notre malheureuse France entre le despotisme et la terreur.

Pour compléter son histoire de Louis XVI, M. de Falloux y a joint un opuscule écrit par ce prince, à l'époque où il n'était encore que duc de Berry.

Cette œuvre du roi martyr a pour

titre : *Réflexions sur mes entretiens avec M. le duc de la Vauguyon.*

En 1846, notre héros fit paraître l'*Histoire de saint Pie V*, le grand pape qui arma pour la dernière fois l'Europe contre le Croissant, et sous le pontificat duquel fut gagnée la bataille de Lépante.

Dans ce second essai, M. de Falloux s'élève de plus en plus comme écrivain et comme penseur.

Pourtant un tollé général accueillit l'ouvrage, le jour même où il sortait encore humide des ateliers typographiques.

« Osez-vous bien faire l'apologie de l'inquisition ? » crièrent certains journaux avec rage.

Et l'on citait à l'auteur ces lignes de sa préface :

« La tolérance n'était pas connue des siècles de foi, et le sentiment que ce mot nouveau représente ne peut être rangé parmi les vertus que dans un siècle de doute. Lorsque les notions du vrai et du faux sont confondues, lorsque les prescriptions les plus contraires trouvent une multitude à peu près égale qui les adopte ou les rejette, assurément la tolérance devient une prudence précieuse.

« Aujourd'hui l'intolérance serait un non-sens; autrefois elle avait un but légitime.

« Il y avait, en immolant l'homme endurci dans son erreur, toute chance pour

que cette erreur pérît avec lui, et que les
peuples demeurassent dans la paix de l'or-
thodoxie. L'histoire de plusieurs royau-
mes le prouve. Aujourd'hui le pouvoir
qui continuerait à immoler de pareils cou-
pables commettrait des actes de rigueur
sans excuse, parce qu'ils seraient sans bé-
néfice pour la société. Autrefois, en dehors
du vrai, tout était, même socialement,
caractérisé comme erreur et comme crime.

« Le premier pas hors de l'unité entraî-
nait dans la révolte manifeste. La société
tout entière était religieuse et constituée
religieusement ; elle croyait, en arrachant
un homme à l'hérésie, l'arracher à un supplice éternel, et c'était tout le zèle de la
charité qu'elle employait à combler l'abîme
dans lequel des populations en masse pou-

vaient se précipiter aveuglément. Le sang répandu ne l'était qu'avec la plus vigilante sollicitude pour l'âme du coupable, que l'Église s'efforçait jusqu'au bout d'éclairer et de reconquérir [1]. »

Nous le demandons à tout homme sans passion : quelle conséquence l'écrivain qui a signé ces pages semble-t-il en tirer?

Bien évidemment il laisse entendre que le supplice des hérétiques, comme mesure de défense sociale, a été le fait d'une époque de foi universelle et de barbarie ; que l'une est à regretter, sans doute, mais que l'autre n'a point de défenseurs.

La plus insigne mauvaise foi, seule, peut

[1] Préface de l'*Histoire de saint Pie V*, pages 37, 38 et 39.

essayer de présenter M. de Falloux comme une manière de bourreau apostolique, rêvant le rétablissement des auto-da-fé et une seconde édition de la Saint-Barthélemy.

Pour nous, dans l'*Histoire de saint Pie V*, nous avons trouvé tout autre chose : de grandes idées, des vues neuves et profondes, et des aperçus de premier ordre sur les destinées générales de l'humanité.

Jugez-en par une citation prise au hasard.

Voici en quels termes M. de Falloux apprécie les croisades.

« Les allusions aux croisades, dit-il, éveillent encore les méfiances du temps actuel. Nous ne sommes pas assez dégagés du culte du succès pour dédaigner des objections puisées dans les revers. « On « ne cesse de nous répéter, dit M. de « Maistre, qu'aucune de ces fameuses en- « treprises ne réussit. Sans doute, aucune « croisade ne réussit, les enfants mêmes le « savent; mais toutes ont réussi, et c'est « ce que les hommes ne veulent pas voir. »

« En effet, les papes envisagèrent tou- jours, dans ces pieuses expéditions, des motifs dignes d'être joints aux sugges- tions de leur piété.

« Ces expéditions, tout extravagantes « qu'elles étaient, dit le protestant Robert- « son, produisirent cependant d'heureux « effets. Il était impossible que les croisés « parcourussent tant de pays, qu'ils vis- « sent des lois et des coutumes si diver-

« ses, sans acquérir de l'instruction et des
« connaissances nouvelles. Leurs vues s'a-
« grandirent, leurs préjugés s'affaibli-
« rent, de nouvelles idées germèrent dans
« leur tête. »

« Eh bien, aucune des carrières ouvertes,
durant les *trèves de Dieu*, ne se sont re-
fermées. Le génie de l'homme reprit possession de l'empire des mers : les ports se
creusèrent et s'agrandirent ; la boussole,
étoile conquise sur le ciel même, brilla à
la poupe de tous les vaisseaux. Guillaume
de Tyr, Jacques de Vitry, Villehardouin,
Joinville, devinrent les premiers modèles
de notre littérature historique ; les assises
de Jérusalem, le modèle des législations ;
et la poésie des trouvères, éclairée d'un
rayon de la poésie orientale, célébra la

foi, ses miracles et ses héros. Ce fut enfin le constant désir d'atteindre l'Orient qui enfanta la découverte de l'Amérique [1].

« Si l'on veut, d'ailleurs, peser exactement l'importance des croisades, qu'on se demande quel serait aujourd'hui le résultat de ces expéditions, si les papes avaient été plus écoutés, si les peuples avaient été plus fidèles à leurs propres intérêts : l'Égypte et la Grèce seraient des provinces chrétiennes; Constantinople rivaliserait avec Londres; Jérusalem consolée se réjouirait avec Rome, et la barbarie, reculant de deux mille lieues, aurait cédé la place avec moins d'effusion de sang qu'il

[1] Voir l'*Histoire de la géographie des nouveaux continents*, par M. de Humboldt, et la *Vie de Christophe Colomb*, par Washington-Irving.

n'en coûte à l'Europe, par siècle, sur un
espace de cent lieues carrées.

« Leibnitz, s'adressant à Louis XIV, affirme que saint Louis était inspiré par une
profonde sagesse, et méritait le respect des
hommes d'État les plus habiles. « La mo-
« narchie universelle est une absurdité,
« l'histoire de l'Europe le prouve, disait
« Leibnitz. En faisant la guerre à des États
« chrétiens, on ne peut jamais obtenir que
« de faibles agrandissements. La guerre
« devrait être dirigée uniquement contre
« les nations barbares [1]. »

On assure que Louis Veuillot considéra
d'un très-mauvais œil cette nouvelle

[1] *Vie de saint Pie V,* page 24 et suivantes.

tentative littéraire de M. de Falloux [1].

Il trouva l'œuvre beaucoup trop tiède à son point de vue, et ne pardonna point à l'auteur de lui avoir gâté, par des réflexions aussi modérées que sages, la magnifique apologie qu'il réservait au san-benito et à la torture.

En cette même année 1846, M. de Falloux arrivait à la députation.

L'arrondissement de Segré (Maine-et-Loire) le nomma son mandataire. Il s'assit à la Chambre dans le voisinage des trois ou quatre députés auxquels, depuis 1830, nos provinces légitimistes confient leur drapeau.

---

[1] L'auteur de l'*Histoire de saint Pie V* a aussi écrit une notice biographique sur saint Jean-de-Dieu.

Sa liaison avec Berryer devint encore plus intime à partir de ce jour.

Il prit le célèbre Henri-quinquiste pour modèle.

S'il ne l'égala point en puissance, quand, pour la première fois, il aborda la tribune, à l'occasion de la liberté religieuse; si tout d'abord il ne se révéla pas comme un de ces foudres politiques dont la voix enflamme, subjugue ou soulève les masses, du moins on peut dire qu'il fut généralement accepté comme un orateur à la parole fluide, gracieuse, attachante, et qui savait merveilleusement se faire écouter.

Personne, à voir le calme inaltérable qui règne sur les traits de M. de Falloux,

ne soupçonnerait qu'il couve à l'intérieur
les plus violents orages.

D'une nature irascible, d'un tempéra-
ment fougueux, il acquiert la douceur et
la modération à force de luttes.

Chez lui, la patience est passée à l'état
de vertu.

Quand cette bonne République débus-
qua si brusquement des barricades de Fé-
vrier, M. de Falloux n'en eut point peur
et lui souhaita la bienvenue; il la savait
très-capable de faire des sottises, et voyait
poindre par derrière l'espérance d'une
restauration légitimiste.

Il avança même la main pour saisir dans
la boîte aux libertés, qui s'ouvrait toute

grande, sa chère liberté de l'enseignement.

Les électeurs de Maine-et-Loire lui don-
nèrent leurs suffrages.

Par un caprice inexplicable, M. de Falloux père, agronome de beaucoup de mérite, et non marchand de suif retiré,
comme on l'a prétendu, se montrait hostile à la candidature de son fils. Il fallut,
pour l'empêcher de la combattre, lui lais-
ser croire que c'était lui-même qu'on allait
nommer représentant du peuple.

Alfred de Falloux prit une part très-ac-
tive aux travaux de la Chambre républi-
caine. Son talent oratoire grandissait avec
la difficulté des circonstances.

L'athlète se fortifié dans la lutte.

Notre héros ne tarda pas à compter parmi les orateurs éminents.

Sauf deux ou trois nuances chargées par la passion politique [1], voici un portrait de lui dont la touche nous semble heureuse :

« M. de Falloux est patricien des pieds à la tête. Je le vois encore abordant la tri-

---

[1] Il est à remarquer que les plus grands ennemis de M. de Falloux ont respecté la noblesse de son caractère, et ne l'ont jamais accusé ni de mauvaise foi ni d'hypocrisie. La petite presse voulut jeter sur lui quelque ridicule, mais sans pouvoir y réussir. Comme essai dans ce genre, on a écrit que M. de Falloux, à l'époque où il était ministre, avait recommandé à l'Académie des sciences une invention de mouvement perpétuel, et qu'il avait donné à un Arabe une mission scientifique pour chercher en Afrique l'homme à queue.

bune après quelque rude apostrophe de
l'extrême gauche.

« Une légère contraction des muscles
du visage indiquait seule son agitation
extérieure.

« Aussitôt les degrés montés, il devenait
l'homme du monde imperturbablement
froid, merveilleusement apte à la réplique, et gagnant pied à pied, tantôt par
la discussion modérée, tantôt par l'attaque
véhémente et directe, le terrain qu'il voulait conquérir.

« Sa tête, légèrement oblongue, était
pleine d'acuité et de distinction ; son nez,
délicatement cambré, mobile et ironique,
rappelait la plus aristocratique des races
qui ont régné en France, la famille des
Valois.

« Son geste était plein de grâces félines
et de charme étudié. Sa parole, *fallou-
cieuse* au fond, comme le prétendaient
certains vaudevillistes de la gauche, n'en
présentait pas moins une surface résistante
et limpide à la fois.

« Passées au creuset de la justice et de
la raison absolues, cette résistance et
cette limpidité eussent bien fourni, j'ima-
gine, quelques molécules de vitriol et
d'acide prussique. M. Orfila y eût peut-être
découvert quelques milligrammes d'arse-
nic; mais la mixtion était si bien prépa-
rée selon la formule des intérêts de M. de
Falloux et de son parti; mais tout cela
avait tant de franchise apparente et d'ha-
bileté dissimulée, qu'en vérité il eût fallu
avoir bien mauvais caractère pour entra-

ver dans leur allure des raisonnements si discrètement envahissants. ».

On ne citerait pas le nom de ce spirituel et malin *Figaro*, que le lecteur l'écrirait de lui-même au bout de l'article.

La pose élégante et distinguée de M. de Falloux à la tribune, son ton plein de finesse délicate, son profil doucement railleur, l'art avec lequel il lançait le sarcasme et les allusions amères, exaspéraient messieurs les républicains et leur inspiraient pour sa personne une aversion profonde.

Les passions grondaient alors dans toute leur furie.

Du haut de la Montagne tombaient les

apostrophes les plus insultantes; mais rien ne pouvait faire perdre à l'orateur son calme admirable et le sourire dédaigneux incrusté sur ses lèvres.

Élu membre de la commission des travailleurs, et chargé du rapport, il conclut à l'abolition des ateliers nationaux.

C'est un de ses plus grands crimes aux yeux du parti radical.

L'insurrection de juin fut, comme on le sait, la conséquence immédiate du renvoi de tous ces frelons populaires qui s'habituaient à manger paresseusement le miel de la ruche.

Accuser M. de Falloux parce qu'il a eu le courage de porter le scalpel sur ce can-

cer qui rongeait la capitale au cœur est
une injustice aussi odieuse que ridicule.

La sanglante révolte qui a suivi la dis-
solution de ces bandes ignobles donne la
mesure des excès dont elles étaient capables, et montre de quelle façon leurs chefs
entendaient l'obéissance aux lois du pays.

Nous les avons vus, tous ces aimables
pensionnaires du Gouvernement provi-
soire.

Ils se composaient en grande partie,
comme l'a fort bien déclaré M. de Falloux, d'échappés du bagne et de repris de
justice[1]. Le jour où il fut décidé que la

---

[1] Dans son rapport, il plaint, comme faisaient tous
les esprits sages de l'époque, la petite minorité hon-
nête, opprimée par les nombreux coquins de la bande.

France n'entretiendrait plus leur oisiveté scandaleuse, ils essayèrent de nous punir par la ruine, le pillage et la mort.

Le représentant de Maine-et-Loire devint une des colonnes du parti légitimiste.

Néanmoins il restait au mieux avec une certaine fraction de républicains modérés.

Cavaignac avait pour lui la plus haute estime, et la mère du général (la *mère rouge*, comme disaient alors les plaisants de la petite presse) témoignait à M. de Falloux une affection qui s'explique par le caractère digne de notre héros et son honnêteté chevaleresque.

Elle décida son fils, sur l'esprit duquel

4

son influence était extrême, à lui offrir le portefeuille de l'instruction publique.

— Je veux bien vous aider, répondit M. de Falloux à Cavaignac, mais je ne veux point paraître le faire. Cela est dans votre intérêt[1].

Il proposa de nommer M. Freslon ministre en son lieu et place, et M. Freslon fut accepté.

A l'exemple de Cavaignac, Louis-Napoléon, devenu président de la République, offrit au député de Maine-et-Loire l'omnipotence universitaire.

La perplexité de M. de Falloux était grande.

[1] Sa correspondance avec l'ex-dictateur a été publiée.

Bon nombre de ses amis l'engageaient à décliner cet honneur. D'autres, au contraire, lui présentaient l'acceptation comme un acte de patriotisme, et mettaient en avant des considérations tirées de l'intérêt catholique, auquel se rattachaient leurs sympathies communes.

Pour mettre un terme à ses irrésolutions, il ne fallut rien moins qu'un message de Frohsdorff et l'ordre formel de l'abbé Dupanloup, son confesseur.

Installé au ministère de l'instruction publique et des cultes, M. de Falloux s'occupa de réaliser le rêve de toute sa vie, c'est-à-dire la loi sur l'enseignement.

Le cabinet dont il était membre entra en fonctions dans les derniers jours de 1848,

et le *Moniteur* du 4 janvier 1849 conte-
nait déjà deux rapports du nouveau ministre au chef du pouvoir, précédant et
motivant la nomination de deux commissions chargées de préparer une loi sur
l'instruction primaire et une loi sur l'instruction secondaire.

Ces commissions se composaient des
abbés Dupanloup et Sibour, de MM. Cousin, de Montalembert, de Corcelles, de
Melun, de Riancey, Cuvier, Fresneau,
Cochin, de Montreuil, Saint-Marc Girar-
din, Dubois, Laurentie, Roux-Lavergne,
Thiers, Freslon, Janvier, Peupin, Bella-
guet, Michel, etc., etc.

Nous citons tout exprès cette liste aux
éléments hétérogènes, afin de montrer
qu'à cette époque les idées conciliatrices

prenaient faveur, et que l'alliance succédait à la lutte entre les diverses fractions du parti de l'ordre.

Le projet de loi qu'élabora la commission ne visait pas le moins du monde à la ruine de l'Université.

Seulement il introduisait dans le corps enseignant des améliorations indispensables, et lui suscitait de loyales et salutaires concurrences, principalement celle du clergé.

Comme on peut le comprendre, là se trouvait l'écueil.

M. de Falloux sut l'éviter, en appelant à son aide l'esprit de sagesse et de modération.

Il ne commit pas l'imprudence de montrer une soutane partout où il y avait un frac : c'eût été causer à la religion un tort énorme, au lieu de lui être utile.

Veuillot, le pourfendeur, combattit violemment ces mesures conciliatrices.

L'occasion lui parut belle pour faire le coup de poing dans la presse.

Voyant la *Réforme* tonner contre « cette loi de sacristie, qui, sous prétexte de liberté d'enseignement, organisait par toute la France le despotisme clérical, mettait en présence, dans toutes les cités et toutes les communes, le prêtre et le laïque, l'esprit de l'avenir et l'esprit du passé, » son premier soin fut d'accroître les oppositions et les colères, en déclarant que la loi res-

.terait une *loi de monopole*, tant que l'instruction ne serait pas confiée aux prêtres sur toute la ligne, et tant qu'on n'aurait pas chassé le dernier laïque du dernier de nos colléges.

Il ne fallut rien moins qu'un ordre du souverain pontife pour imposer silence aux folles argumentations de ce journaliste frénétique, dont les passions querelleuses cherchent à précipiter l'Église dans les casse-cou et les abîmes.

M. de Falloux, pendant son séjour à l'hôtel du ministère, ne donna point de bal, comme c'est l'usage, même chez-nos excellences républicaines.

Il se bornait à réunir un assez grand nombre d'invités à des concerts, où la musique sacrée avait le pas sur la profane.

Au premier de ces divertissements spirituels, un groupe de dames, en toilette dansante, fit une irruption soudaine au milieu des salons, peuplés d'ecclésiastiques et de prélats.

On sait que nos aimables Parisiennes, si collets montés à la ville, ont l'habitude, sous le rayonnement des bougies, de se décolleter avec une audace naïve.

Parmi les invités se trouvait un jeune diacre tout frais émoulu du séminaire.

Madame la comtesse de B*** vint s'asseoir dans son voisinage.

Les charmes victorieux de cette magnifique personne et la riche blancheur de sa peau satinée causèrent au pauvre jeune homme de singuliers éblouissements.

Tout à coup il se lève et quitte la place.

— Où allez-vous? lui dit-on:

— Ma foi, répond-il, impossible de demeurer plus longtemps : on me met à la porte par les épaules.

Ceci nous fait souvenir de la piquante réplique d'un évêque à la dernière soirée des Tuileries. Il s'agissait de traverser un salon rempli de dames, et les crinolines accaparaient tout l'espace.

— Que voulez-vous? la mode est tyrannique, monseigneur, dit une héroïne de la fête, nous en subissons les exigences.

— Ah! répondit le prélat avec un fin sourire, vous ne me ferez jamais croire, mesdames, qu'une mode qui vous donne une si grande quantité d'étoffe pour la jupe ne vous en laisse plus du tout pour le corsage.

Les réunions du ministre de l'instruction publique n'étaient pas exclusivement musicales.

Il y avait certaines soirées littéraires, où des poëtes de la force de M. Viennet étaient admis quelquefois, par surprise, à lire leurs chefs-d'œuvre.

Un écrivain dramatique ambitionna le même honneur, et s'empressa de solliciter une audience de M. de Falloux. Il le supplia de lui permettre de lire, à ses réu-

nions du soir, une pièce que la Porte-
Saint-Martin venait d'accueillir.

— C'est un drame superbe, monsieur le
comte, lui dit-il.

— Un drame! s'écria le ministre effrayé. Vous n'y songez pas! Si c'était une
tragédie, passe encore.

— Je croyais, répondit le dramaturge
en s'inclinant, que Votre Excellence pro-
tégeait tous les cultes.

L'auteur dont nous parlons est juif et
démocrate, en sorte que, dans sa bouche,
le mot parut piquant, surtout joint aux
expressions d'*excellence* et de *monsieur*
le comte, donnés à un ministre en pleine
République.

Cependant les électeurs de Maine-et-Loire continuaient à M. de Falloux son mandat pour l'Assemblée législative.

On le distingua parmi les plus intrépides soutiens de l'expédition de Rome et de la papauté fugitive à Gaëte.

Lorsqu'il s'agit de réprimer les tentatives anarchiques des clubs, on put le voir à la tribune dénoncer hardiment le désordre, sans prendre le moindre souci des insolentes interruptions et des hurlements démagogiques de la gauche.

Dans toutes les luttes décisives, M. de Falloux montra la même intrépidité parlementaire.

Une fois la loi sur l'enseignement votée par la Chambre, il résigna son portefeuille, prouvant ainsi que l'intérêt de la cause religieuse, et non l'ambition, lui avait fait accepter le pouvoir.

Il partit presque aussitôt pour l'Italie.

A Naples, où il séjourna quelque temps, le roi lui offrit un de ses châteaux, en l'invitant à y fixer sa résidence.

M. de Falloux quitta Naples pour se rendre à Rome, où l'attendait son frère, M. l'abbé de Falloux.

On assure que celui-ci est en possession du mouchoir de sainte Véronique, sur lequel se trouve imprimée la face sanglante du Sauveur. Dans la famille de notre héros, l'authenticité de cette relique n'est pas mise en doute, et l'on a pour elle une vénération sans égale.

M. l'abbé de Falloux a plus d'une fois encouru le reproche d'inconséquence politique.

Ses revirements et ses tergiversations établirent même, à certaine époque, une barrière entre Alfred et lui.

Très-exalté d'abord dans son dévouement aux rois légitimes, l'abbé passa tout à coup, avec armes et bagages, sous le drapeau de la branche cadette, et les d'Orléans n'eurent pas de prôneur plus enthousiaste.

Il alla même, dit-on, jusqu'à se permettre sur le duc de Bordeaux des insinuations hostiles, et le comte son frère crut un moment son crédit tout à fait perdu à Frohsdorff.

Ce peu de consistance dans les opinions
du chanoine de Saint-Pierre de Rome le
place en médiocre estime chez messieurs
les légitimistes sans alliage. On lui prête
assez bon nombre de ridicules, et les an-
ciens de la cour de Charles X ne lui mé-
nagent point les quolibets.

Monseigneur de Falloux, comme la plupart des prélats romains, pèche par un
excès d'élégance et de fatuité.

Sa plus grande joie est de multiplier
son image, et l'on ne cite pas une dame
qui lui ait rendu visite sans avoir reçu en
cadeau sa miniature.

— Vous avez vu l'abbé de Falloux? demandait un jour le comte de Chambord à
une duchesse qui revenait de Rome. Né-

cessairement il vous a donné son portrait?

— Sire, il m'en a donné deux, répondit-la duchesse : un pour moi, qu'il connaît à peine, et l'autre pour une baronne de mes amies, qu'il ne connaît pas du tout.

Les dissidences politiques entre les deux frères ne produisirent jamais, du reste, que des refroidissements passagers.

On se réconciliait à la première occasion.

Ce fut le chanoine qui présenta le comte Alfred au pape. Le Vatican fit au ministre démissionnaire un accueil princier.

De retour à Paris, notre héros adhéra pleinement à la fusion.

Peu d'hommes politiques ont eu, dans

le cours de leur carrière, des allures aussi dignes et une conduite aussi franche. En face de ses ennemis les plus à craindre, M. de Falloux n'a jamais renié son opinion ni caché ses espérances.

Ministre de Louis Bonaparte, il prêta l'appui de son talent à l'Élysée, remplit son mandat avec une loyauté parfaite, et quitta le ministère dès qu'il eut deviné les tendances impérialistes, laissant à d'autres le soin de relever le trône de César.

Délié de ses serments de ministre de la République, il se laissa porter à la présidence d'un cercle entièrement composé de représentants légitimistes.

Quelques jours avant le 2 décembre, il demandait qu'on rétablît le suffrage universel.

Vers cette époque, ayant converti en espèces un immeuble considérable, pour être prêt à tout événement, il faillit être victime de la plus audacieuse tentative de vol.

Un individu, qui se faisait appeler le chevalier R. de G***, parvint à capter sa confiance par des manœuvres hypocrites. M. de Falloux, accablé de travaux à la ville et à la Chambre, allait proposer à ce personnage une place de secrétaire, avec logement dans son hôtel, quand il reçut tout à coup de la rue de Jérusalem cette courte et significative épître :

« Je vous préviens que le chevalier de G***-sort de Brest, où il a fait cinq ans de travaux forcés.

« CARLIER, préfet de police. »

Le comté se hâta de contremander son secrétaire, en se félicitant de trouver toutes ses serrures encore intactes.

Investi de pouvoirs secrets par M. de Chambord, notre héros avait la haute main sur toutes les opérations légitimistes. Mais rien n'est indiscipliné comme un parti. Les uns lui contestaient son mandat, les autres lui refusaient nettement obéissance.

Un jour, M. Léo de Laborde monte à la tribune pour formuler une proposition relative aux hôtes de Frohsdorff.

En ce moment, le comte de Falloux se promenait dans les couloirs avec M. de Persigny.

On le prévient de ce qui se passe à la tribune.

Aussitôt il quitte son interlocuteur, rendre dans la salle et apostrophe vivement. M. Léo de Laborde.

— De quel droit, lui dit-il, faites-vous cette proposition ?

— Et vous-même, de quel droit m'interrogez-vous? riposte l'orateur.

— Je parle au nom du roi, monsieur ! Montrez vos pouvoirs.

— Allez vous... *promener !* s'écrie M. de Laborde, employant une locution aussi connue et plus grossière que celle que nous venons de souligner.

La Chambre de cette époque en entendit bien d'autres.

Certes, l'urbanité de langage de M. de

Falloux y comptait de rares imitateurs.

Malgré l'opposition taquine de certains légitimistes jaloux ou têtus, le comte grandit chaque jour aux yeux de la caste fidèle.

Il finira par en être le chef.

Les sommités du parti sont entraînées elles-mêmes par la séduction puissante qu'il exerce, et Berryer ne souffre pas qu'on attaque M. de Falloux en sa présence.

— Respectez-le, dit-il; c'est l'avenir de la légitimité.

La légitimité !

Pauvre arbre mort, qui se croit toujours vivace, parce que de brillants oiseaux chan-

tent et battent de l'aile sur ses branches
arides !

M. de Falloux, retiré dans ses terres
depuis le coup d'État, consacre ses loisirs
à des recherches agricoles et à l'amélioration des races de bestiaux, sans s'émou-
voir des plaisanteries plus ou moins pi-
quantes du grand et du petit journalisme.

Les succès de l'ancien ministre en ce
genre, coïncidant avec sa candidature académique, furent le signal d'une multitude
de pointes plus ou moins spirituelles.

On compta ses titres par le nombre de
couronnes que lui avaient values au con-
cours de Poissy ses bœufs et ses moutons.

Heureusement le futur immortel se
cuirassait du plus stoïque dédain.

Eh quoi! messieurs les économistes, ne voyez-vous pas que vous êtes ici en contradiction flagrante avec vous-mêmes? Trouvez-vous déshonorant de pourvoir au premier besoin de la patrie; l'agriculture? Pour un homme public, n'est-ce pas la plus honorable des retraites?

Après avoir tant prêché le labourage, est-ce ainsi que vous le tournez en ridicule?

Nous vous entendons perpétuellement gémir sur la cherté de la viande; vous agitez chaque jour avec sollicitude la question des subsistances, et vous osez vous moquer ensuite de ceux qui visent à l'application de vos théories!

Si vous ne reculez pas devant la mau-

vaise action, reculez au moins devant l'é-
normité de la sottise.

Fermant l'oreille aux criailleries de ces
pharisiens de mauvais goût, l'ancien ministre de l'instruction publique continua
son double personnage de littérateur et
d'agronome.

D'un côté comme de l'autre le succès
lui échut.

Ses bœufs lui obtinrent deux premiers
prix et un second prix au dernier con-
cours, outre le prix d'excellence qu'on lui
décerna pour un bœuf d'une taille colos-
sale.

Trois médailles, dont deux en or et une
en argent, une coupe d'or ciselé et une
somme de cinq mille cent francs furent

les trophées qui constatèrent ses victoires agronomiques.

M. de Falloux prit par la main l'habile directeur de sa ferme modèle, et l'emmena recevoir avec lui les couronnes, lui donnant ainsi publiquement moitié de son triomphe.

Puis ils allèrent ensemble visiter et remercier les fermiers, qui, eux aussi, avaient une bonne part dans le succès.

Moins heureux au palais Mazarin, M. de Falloux perdit trois ou quatre batailles électorales avant de conquérir les palmes académiques.

Certes, le style et la conception de ses ouvrages le placent au niveau de la bonne moitié de nos Quarante. D'ailleurs, son incontestable talent oratoire suffisait pour attirer du premier coup sur lui le suffrage des plus exigeants.

A quoi tinrent les échecs successifs dont nous avons parlé tout à l'heure?

Nous allons vous le dire.

Pour arriver, à l'époque actuelle, aux honneurs du fauteuil, le talent n'est pas nécessaire. Faites de beaux livres, si bon vous semble, mais gardez-vous de fonder vos prétentions sur ces livres mêmes.

Ce serait une grave imprudence.

Académicien ne veut pas dire aujourd'hui *littérateur;* cela veut dire *homme politique.*

On ne vous demande plus à la porte:

« Qu'avez-vous fait? » mais bien : « Quel
est votre drapeau? »

L'Institut, depuis le Deux décembre, est
le refuge des mécontents de tous les par-
tis. Ces messieurs transforment la salle
des séances en une espèce de club où s'a-
gitent les questions les moins littéraires.

Du cénacle on fait une arène.

Toute élection nouvelle est une concession aux sympathies de telle ou telle
nuance politique en vogue pour le quart
d'heure, et le suffragant qui oserait se
targuer d'indépendance serait considéré
comme un traître.

Celui-ci représente la légitimité, celui-
là l'orléanisme, cet autre la fusion.

Très-peu, en revanche, représentent la poésie, et encore moins la grammaire.

C'est une petite Convention de députés sans électeurs et de ministres sans porte-feuille. On y parle, on y délibère, on s'y livre des combats de coqs (de vieux coqs), le tout dans la langue de Frohsdorff et de Clarèmont.

Ainsi M. de Broglie, par exemple, a osé prononcer, au commencement d'avril dernier, un panégyrique de l'homme qui a laissé tomber la France dans le traque-nard de 1848.

« Ce prince [1], dit-il, appelé au trône dans des circonstances redoutables, avait

[1] Louis-Philippe.

plus d'un devoir à remplir, plus d'un péril à conjurer. Faire respecter partout au dehors les sentiments et les droits de la France, sans *exciter*, sans *soutenir* nulle part l'*esprit de révolution*; maintenir l'ordre sans *verser le sang*, sans lois ni mesures d'exception, sans *coup d'État*; couvrir le sol de travaux utiles sans *accroître le fardeau des impôts* ni celui de la *dette publique*, c'était là sa tâche.... »

Que dites-vous de ces allusions, aussi hostiles qu'impudentes, lancées en plein cœur d'une assemblée littéraire ?

Du jour où l'Académie n'est plus que le réceptacle de vos rancunes et de vos intrigues, on doit vous en exclure, messieurs, et en fermer les portes.

Il est temps que les membres sains de l'Institut renversent tous ces drapeaux que vous agitez sur leur tête et en fassent un feu de joie.

Vous vous imaginez peut-être donner des preuves d'indépendance?

Allons donc! il n'y a dans votre conduite que sottise et lâcheté. Personne, entendez-vous bien, ne vous autorise à prendre le manteau littéraire pour en couvrir vos impures défroques de courtisans!

On répète chaque jour avec raison que les Broglie, les Noailles et *tutti quanti* volent avec impudence la place destinée aux gens de lettres.

En obéissant à d'absurdes manœuvres

politiques, l'Académie a laissé mourir hors de son sein les Balzac, les Frédéric Soulié, et tant d'autres, dont la présence eût donné un peu de vie et d'autorité à ce troupeau de parlementaires en retraite et de burgraves ridicules.

On ne voudra pas le croire peut-être, mais cette usurpation du fauteuil académique trouve des écrivains assez niais pour l'applaudir et assez fous pour la défendre.

Lisez, de grâce, les lignes suivantes, signées PONTMARTIN.

« Vous avez, dit cet estimable littérateur, les premières représentations empanachées de courtisanes titrées et de millionnaires impromptus; vous avez l'admi-

ration des cinquante mille estaminets de
France; vous avez les exemples et les
prix du docteur Véron, et ce n'est pas
assez!

« Se figure-t-on une séance où M. Gustave Planche répondrait à M. Eugène Pel-
letan, succédant à M. Taxile Delord? Ou
bien, chose plus monstrueuse, se figure-t-on
un de ces messieurs prononçant l'éloge de
M. de Saint-Aulaire ou de M. Molé, — et
une réunion comme celle de l'autre jour,
tous les beaux noms de France, toute la
diplomatie de l'Europe, toutes les célébri-
brités de l'art et de la science, tous les représentants de la civilisation lettrée, ve-
nant assister à ce tournoi, que dis-je? à ce
duel entre la littérature polie et la littérature sauvage?

« Il serait fort commode aux bohèmes
émérités qui commencent à s'ennuyer de
la vie de coulisses, de divan et de trottoir,
de trouver là une pension et un gîte, et de
venir, en présence de la meilleure com-
pagnie de Paris, entendre réciter leurs titres à l'admiration publique et aux suffrages de la postérité. S'ils ont beaucoup
de talent et d'esprit, ils peuvent même
intéresser l'Académie à leur conversion
mondaine, et lui donner à entendre qu'il
leur suffira de figurer dans ses rangs pour
devenir aussitôt des hommes raisonna-
bles, posés et bien élevés. L'illustre com-
pagnie l'a essayé pour quelques-uns ; l'essai ne lui a pas très-bien réussi. »

Nous donnons sans commentaires ce

plaidoyer en faveur de l'impuissance va-
niteuse et de la morgue stupide.

M. de Falloux avait trop d'adresse pour
ne pas comprendre à quelles conditions il
pouvait arriver au trône académique.

Son premier soin fut d'acheter, de
compte à demi avec M. de Montalembert, le *Correspondant*, revue mensuelle
où il avait déjà donné nombre d'articles.
C'est de là qu'il devait faire jouer ses bat-
teries pour enfoncer les portes de l'Institut.

Or il y a, sur le chemin de tout candidat académique, un casse-cou fâcheux,
celui des visites à rendre.

Notre héros comptait sur le charme de

sa personne et sur la grâce de son esprit ; mais ce charme et cette grâce étaient précisément ce que redoutaient le plus beaucoup d'académiciens.

Ils ne reçurent pas M. de Falloux.

Alfred de Vigny, sans se départir de l'exquise urbanité qui le distingue, insinua poliment à ceux qui venaient le sonder combien ce système d'élection politique lui paraît déplorable.

— Que M. de Falloux, répondit-il, s'adresse à l'Académie des sciences morales. MM. Thiers, Guizot, Cousin, Mignet, en font partie. Je ne vois pas qu'elle soit tant à dédaigner.

Puis, comme les ambassadeurs vantaient le mérite purement littéraire de l'aspirante.

— Touchez là, messieurs, dit l'inflexible auteur de *Cinq-Mars*, vous n'aurez pas ma voix.

Et Berryer fut élu.

M. de Falloux reparut dans la lice l'année suivante.

Autre échec.

Les orléanistes, qui avaient prêté leurs suffrages aux soldats du drapeau blanc pour la nomination de Berryer, se crurent en droit d'exiger le même service.

Ils avaient passé trop de rhubarbe pour qu'on ne leur rendît pas un peu de séné.

M. de Broglie devint le candidat de la nouvelle coalition.

Justement effrayé de la concurrence,
le biographe de Louis XVI tourne ses visites du côté de la petite Académie.

En style d'immortel, la *petite Académie* représente la fraction de l'Institut qui
doit uniquement aux lettres sa célébrité.
Victor Hugo, Vigny, Mérimée, Musset,
Lamartine, etc., sont de la petite Académie.

Mais généralement tout ce qui a porté
le fardeau du pouvoir, tout ce qui possède
un blason de vieille roche, un parchemin
plus ou moins historique, tout ce qui
compte des ancêtres aux croisades, fait
partie de la *grande Académie*.

Il en résulta que notre aspirant, par le fait même de sa noblesse, reçut froid accueil des littérateurs, et fut obligé de retourner aux têtes politiques. Celles-ci déclarèrent que ses démarchés auprès des écrivains étaient impardonnables, et Broglie fut élu.

Les boules une fois dans l'urne, messieurs les académiciens rentrèrent sous l'empire de l'entente cordiale.

On s'était donné des gages réciproques.

Claremont se trouvait satisfait, Frohsdorff n'avait pas lieu de se plaindre; il ne restait plus qu'à représenter un seul parti, la *fusion*.

M. de Falloux était fusionniste : il fut nommé [1].

Les grands seigneurs, unis aux politiques, décidèrent seuls son élection.

Donc, après avoir honoré les lettres par de belles pages et la tribune par de beaux discours, il ne dut son entrée à l'Académie qu'à une sorte de subterfuge.

Le résultat du scrutin connu, Alfred de Musset sortit furieux.

— Eh ! de quoi vous plaignez-vous ?

[1] Non sans obstacle pourtant. Émile-Augier fit hésiter la balance ; et ce ne fut qu'au deuxième tour de scrutin que la majorité se décida. M. de Falloux eut dix-neuf voix ; l'auteur de la *Ciguë* en garda quinze, minorité imposante, eu égard au choix des noms qui se déclarèrent pour lui.

lui dit le père de *Chatterton* en l'arrêtant
à la porte. Tout ce qui arrive est votre
ouvrage. On ne vous voit jamais ici. Les
poëtes et les écrivains n'assistent plus à
aucune séance.

—Parbleu! c'est le dégoût qui nous
éloigne, répondit Musset. Quand on parle
à ces gens-là poésie ou langue française,
ils ne savent répondre qu'une chose : « Je
suis de l'avis de M. Guizot! »

L'auteur de *Rolla* n'a pas tort.

Être de l'avis de M. Guizot, partout et
toujours, voilà sans conteste l'unique préoc-
cupation des académiciens dits politiques.
L'Institut est destiné à devenir une succur-
sale des Incurables.

Si, par son élection, M. de Falloux se rattache au parti des Burgraves, nous sommes convaincu que l'indépendance de son caractère le détachera promptement du troupeau.

Jamais il n'a fait la moindre concession aux idées des autres, même à ceux qui semblent, comme lui, se vouer à la défense des intérêts religieux.

Sa nature délicate et aristocratique se révolte contre les articles agressifs et tapageurs de M. Veuillot.

Les tendances absolutistes de l'homme ne le séduisent guère plus que ses injures ne le convertissent. Il a pour les énergumènes une horreur profonde, et le *Corres-*

pondant montre tous les jours, dans sa lutte avec l'*Univers*, qu'on peut être le plus raisonnable et le plus logique, sans appuyer son argumentation du catéchisme poissard.

On ne saurait mettre assez en relief la modération de l'un, comparée aux débordements de l'autre.

Honneur à vous, monsieur de Falloux, qui relevez avec courage, mais sans violence, l'étendard de la catholicité ! Votre mission est de clore la bouche aux plats marchands d'eau bénite qui encombrent le seuil du temple, en attendant qu'on les en expulse avec opprobre.

Ne tenez compte ni de leurs clameurs ni de leurs outrages.

Démasquez ces faux chrétiens en donnant vous-même chaque jour de nouvelles
preuves de raison, de calme et d'indul-
gence.

Les cœurs droits, les esprits sensés,
mettent vos discours en regard de ceux de
votre antagoniste, et vous sortez triom-
phant du parallèle.

O Veuillot! ne viendras-tu jamais à
résipiscence, et ne cesseras-tu d'insulter
que le jour où tu cesseras d'écrire?

Si M. de Falloux fait de la polémique
religieuse sans scandale, il fait aussi du
bien sans ostentation. Riche de soixante
mille livres de rente, il passe une partie
de l'année au bourg-d'Yré, dans le ma-

noir héréditaire de sa famille, à la porte
duquel jamais un pauvre ne frappe en
vain.

Les fermiers du comte l'adorent.

A dix lieues à la ronde sa justice et sa
générosité sont devenues proverbiales. Il
y a tous les ans une fête publique à l'é-
poque de son retour dans la province.

M. de Falloux est à la tête de presque
toutes les sociétés religieuses des départe-
ments de l'Ouest. La plupart des princes
chrétiens tiennent à honneur d'entretenir
avec lui une correspondance. Par la di-
gnité de son attitude, par ses mœurs che-
valeresques, par sa foi sincère et par une

douceur qui ne se dément jamais, il gagne chaque jour à la cause religieuse une infinité de prosélytes.

A l'heure qu'il est, on peut dire que le seul et véritable représentant laïque de l'Église est M. de Falloux.

Modéré, mais convaincu; gracieux, mais inflexible, on ne l'a jamais vu reculer ni pâlir au milieu des plus effrayants orages parlementaires. Ses réponses à l'ennemi sont toujours écrasantes de calme et de solennité, témoin cette phrase, qui, du haut de la tribune, un jour, tomba sur la tête de Jules Favre comme un coup de massue :

« Apprenez, monsieur, que la France

ne veut ni des hommes qui ne sont capables de rien, ni des hommes qui sont capables de tout ! »

FIN.

Monsieur

Je regrette beaucoup que mon
absence m'ait empêché de vous
adresser plus tôt la Réponse que
vous me faites l'honneur de
m'écrire, et je vous prie d'
agréer mes remerciements avec l'
Expression des sentiments les
plus distingués

de votre très humble
Serviteur

A. de Falloux

8 9bre 51

ÉDITION DE LUXE

Souscription à 5 centimes la Livraison

MÉMOIRES

DE

NINON DE LENCLOS

PAR

EUGÈNE DE MIRECOURT

Auteur des *Confessions de Marion Delorme*

Précédées d'un

COUP D'ŒIL SUR LE RÈGNE DE LOUIS XIV

PAR MÉRY

Cette nouvelle édition, que nous publions en 240 livraisons à 5 centimes, formera 2 magnifiques volumes grand in-8 de 480 pages chacun, imprimés sur papier jésus; 36 GRAVURES sur bois et sur acier illustreront cet ouvrage.

PRIX DE L'OUVRAGE COMPLET :

2 volumes grand in-8 jésus, illustrés par J.-A. BEAUCÉ, 12 francs.

On souscrit à Paris

CHEZ GUSTAVE HAVARD, LIBRAIRE-ÉDITEUR
19, boulevard de Sébastopol (rive gauche)
et rue de la Harpe.

ÉDITION DE LUXE

Souscription à 5 centimes la Livraison

CONFESSIONS

DE

MARION DELORME

PAR

EUGÈNE DE MIRECOURT

Auteur des *Mémoires de Ninon de Lenclos*

Précédées d'un

COUP D'ŒIL SUR LE RÈGNE DE LOUIS XIII

PAR MÉRY

Cette cinquième édition, que nous publions en 240 livraisons à 5 centimes, formera 2 magnifiques volumes grand in-8 de 480 pages chacun, imprimés sur papier jésus. 36 GRAVURES sur bois et sur acier illustreront cet ouvrage.

PRIX DE L'OUVRAGE COMPLET :

2 volumes grand in-8 jésus, illustrés par J.-A. BEAUCÉ, 12 francs.

On souscrit à Paris

Chez GUSTAVE HAVARD, Libraire-Éditeur
19, boulevard de Sébastopol (rive gauche)
et rue de la Harpe.

www.ingramcontent.com/pod-product-compliance
Lightning Source LLC
Chambersburg PA
CBHW070855280326
41934CB00008B/1445